Impressum
Verlag: BABADADA GmbH, Nedderfeld 112 , 22529 Hamburg
Geschäftsführer / Verlagsleitung: Harald Hof
Druck: Books on Demand GmbH, In de Tarpen 42, 22848 Norderstedt

Imprint
Publisher: BABADADA GmbH, Nedderfeld 112 , 22529 Hamburg, Germany
Managing Director / Publishing direction: Harald Hof
Print: Books on Demand GmbH, In de Tarpen 42, 22848 Norderstedt, Germany

shkolla
școală

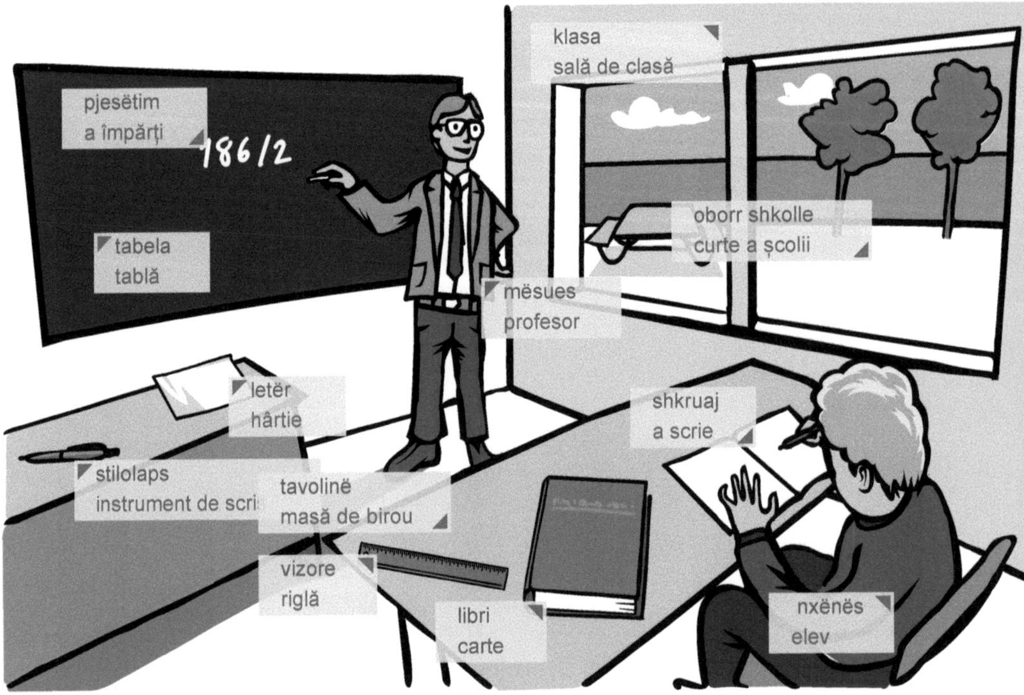

klasa
sală de clasă
pjesëtim
a împărți
186/2
tabela
tablă
oborr shkolle
curte a școlii
mësues
profesor
letër
hârtie
shkruaj
a scrie
stilolaps
instrument de scri
tavolinë
masă de birou
vizore
riglă
libri
carte
nxënës
elev

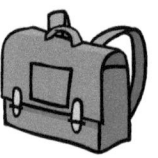

çantë

ghiozdan

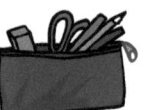

mbajtëse lapsash

penar

laps

creion

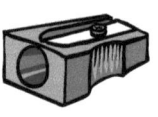

mprehës lapsash

ascuțitoare

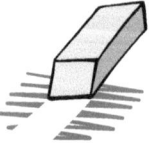

gomë

radieră

fletore vizatimi

bloc de desen

vizatim
desen

penel
pensulă

kuti bojërash
cutie de acuarele

gërshërë
foarfece

ngjitës
lipici

fletore detyrash
caiet de exerciții

detyrë shtëpie
temă

12

numër
număr

2+2

mbledh
a aduna

5-2

zbres
a scădea

2×2

shumëzoj
a multiplica

llogaris
a calcula

A

gërmë
literă

ABCDEFG
HIJKLMN
OPQRSTU
VWXYZ

alfabeti
alfabet

hello

fjalë
cuvânt

tekst

text

lexoj

a citi

shkumës

cretă

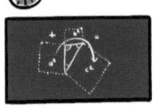

mësim

orä

regjistër

catalog

provim

examen

çertifikatë

certificat

uniformë shkolle

uniformă şcolară

arsimim

educaţie

enciklopedia

enciclopedie

universitet

universitate

mikroskop

microscop

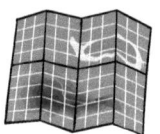

hartë

hartă

kosh letrash

coş de gunoi

udhëtim
călătorie

hotel
hotel
Grand
bujtinë
hostel
ROOMS
pikë këmbimi valutor
casă de schimb valutar
EXCHANGE
valixhe
valiză
makinë
autovehicul

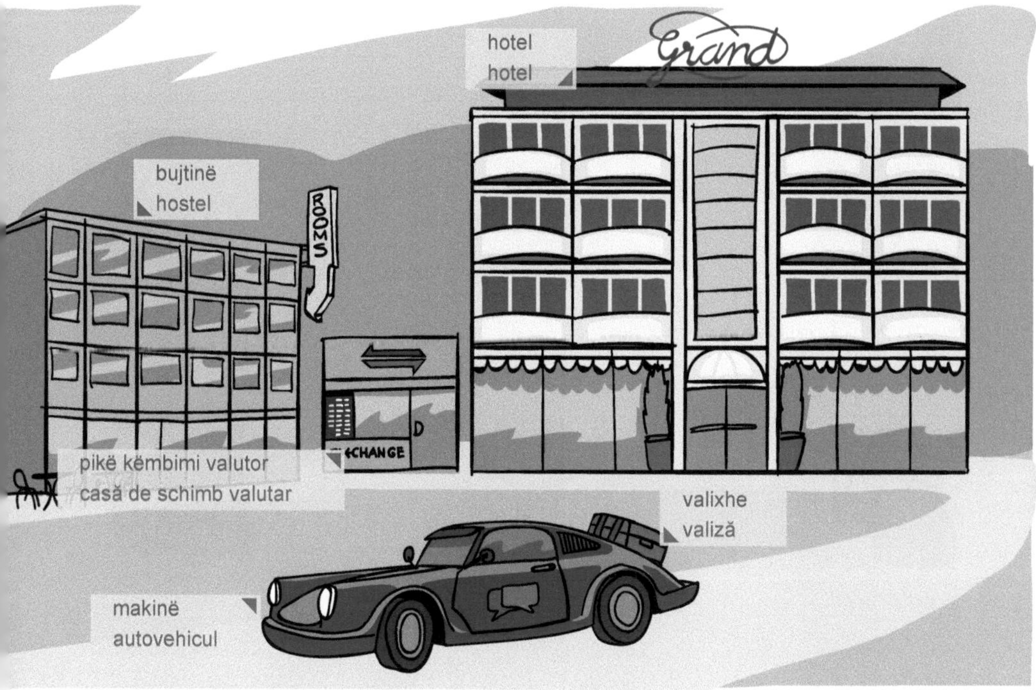

gjuhë
limbă

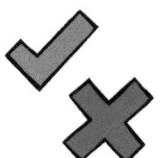

po / jo
da/nu

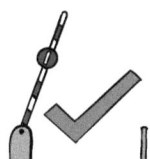

Në rregull
okay

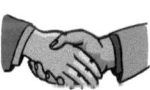

ç'kemi
Bună!

përkthyes
interpret

Faleminderit
mulțumesc

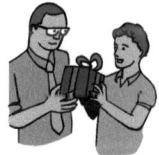

sa kushton…?

Cât costă…?

nuk e kuptoj

Nu înțeleg

problem

problemă

Mirëmbrëma!

Bună seara!

Mirëmëngjes!

Bună dimineața!

Natën e mirë!

Noapte bună!

mirupafshim

la revedere

drejtim

direcție

bagazhet

bagaj

çantë

geantă

çantë shpine

rucsac

mysafir

oaspete

dhomë

cameră

thes gjumi

sac de dormit

tendë

cort

informacion për turistët

punct de informare turistică

plazh

plajă

kartë krediti

carte de credit

mëngjes

mic dejun

drekë

masa de prânz

darkë

cină

Biletë

bilet de călătorie

ashensor

lift

pulla

timbru poștal

kufi

graniță

doganë

vamă

ambasadë

ambasadă

vizë

viză

pasaportë

pașaport

transport
transport

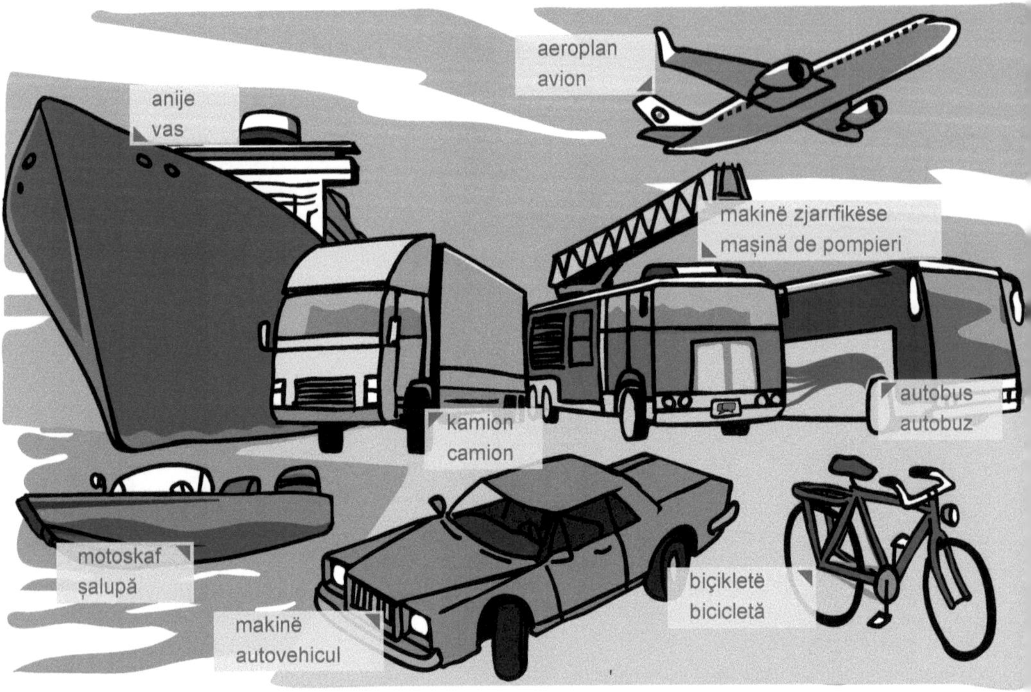
aeroplan
avion
anije
vas
makinë zjarrfikëse
mașină de pompieri
autobus
autobuz
kamion
camion
motoskaf
șalupă
biçikletë
bicicletă
makinë
autovehicul

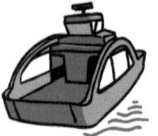

traget

feribot

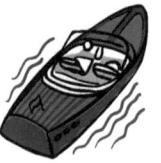

varkë

barcă

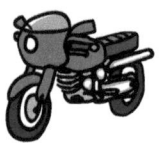

motoçikletë

motocicletă

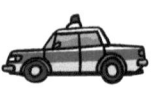

makinë policie

mașină de poliție

makinë garash

mașină de curse

makinë me qira

mașină închiriată

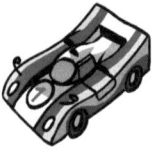

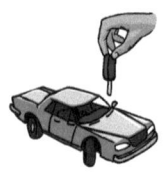

ndarje e qirasë së makinës

car sharing

karroatrec

mașină de tractat

makinë plehrash

mașină de gunoi

motor

motor

benzinë

combustibil

pikë karburanti

benzinărie

sinjalistikë trafiku

semn de circulație

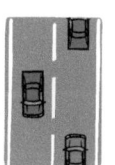

trafik

trafic

bllokim trafiku

ambuteiaj

parkim makinash

parcare

stacion treni

gară

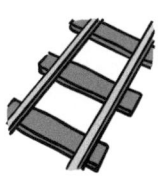

trase

șine

tren

tren

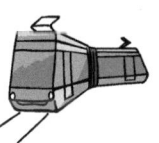

tramvaj

tramvai

karro

vagon

helikopter

elicopter

aeroport

aeroport

kullë

turn

pasagjer

pasager

kontenier

container

kuti kartoni

carton

qerre

căruță

shportë

coș

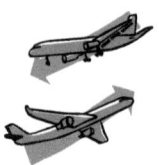

ngrihem / ulem

a decola/a ateriza

qytet

oraș

fshat

sat

qendra e qytetit

centru

shtëpi

casă

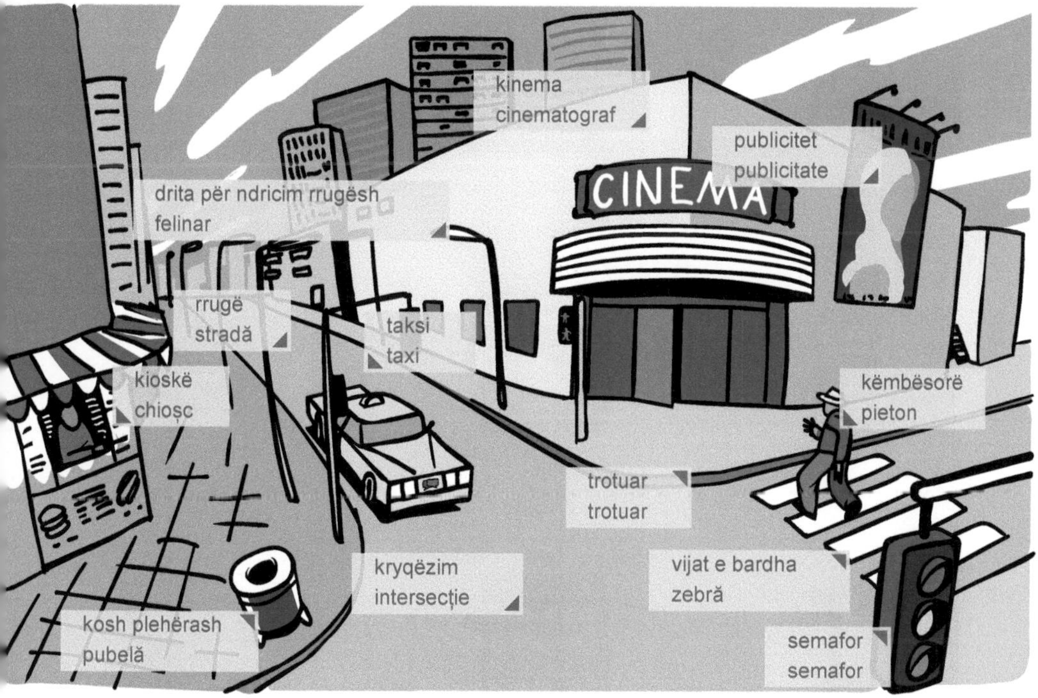

kinema
cinematograf
publicitet
publicitate
CINEMA
drita për ndricim rrugësh
felinar
rrugë
stradă
taksi
taxi
kioskë
chioșc
këmbësorë
pieton
trotuar
trotuar
kryqëzim
intersecție
vijat e bardha
zebră
kosh plehërash
pubelă
semafor
semafor

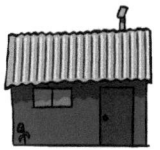

kasolle

cabană

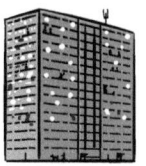

apartament

apartament

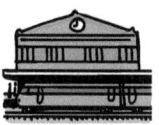

stacion treni

gară

bashki

primărie

MUSEUM

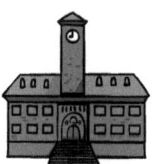

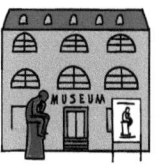

muze

muzeu

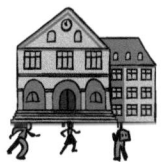

shkolla

școală

universitet

universitate

bankë

bancă

spital

spital

hotel

hotel

farmaci

farmacie

zyrë

birou

librari

librărie

dyqan

magazin

dyqan lulesh

florărie

supermarket

supermarket

market

piață

mapo

magazin universal

dyqan peshku

comerciant de pește

qëndër tregtare

centru comercial

port

port

park
parc

stol
bancă

urë
pod

shkallë
treptc

metro
metrou

tunel
tunel

stacion autobuzi
stație de autobuz

bar
bar

restorant
restaurant

kuti postare
cutie poștală

sinjalistikë rrugore
tăbliță indicatoare cu
numele străzii

kohëmatës parkimi
parcometru

kopsht zoologjik
grădină zoologică

pishinë
piscină

xhami
moschee

fermë
....
gospodărie țărănească

ndotje
....
poluare

varrezë
....
cimitir

kishë
....
biserică

shesh lojërash
....
loc de joacă

tempull
....
templu

peisazh
peisaj

gjethe
frunză

tabela orientuese
indicator

rrugë
drum

livadh
pajiște

gurë
piatră

ekskursionist
drumeț

pemë
copac

lumë
râu

bar
iarbă

lule
floare

luginë
vale

kodër
deal

liqen
lac

pyll
pădure

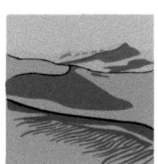

shkretëtirë
deșert

vullkan
vulcan

kështjellë
castel

ylber
curcubeu

kepudhë
ciupercă

palmë
palmier

mushkonjë
țânțar

mizë
muscă

milingonë
furnică

bletë
albină

merimangë
păianjen

brumbull

gândac

bretkosë

broască

ketër

veveriță

iriq

arici

lepur

iepure

buf

bufniță

zog

pasăre

mjellmë

lebădă

derr i egër

porc mistreț

dre

cerb

dre brilopatë

elan

digë

dig

turbinë ere

turbină eoliană

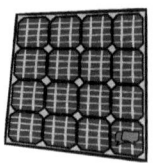

panel diellor

panou solar

klimë

climă

restorant
restaurant

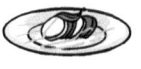

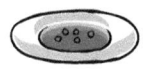

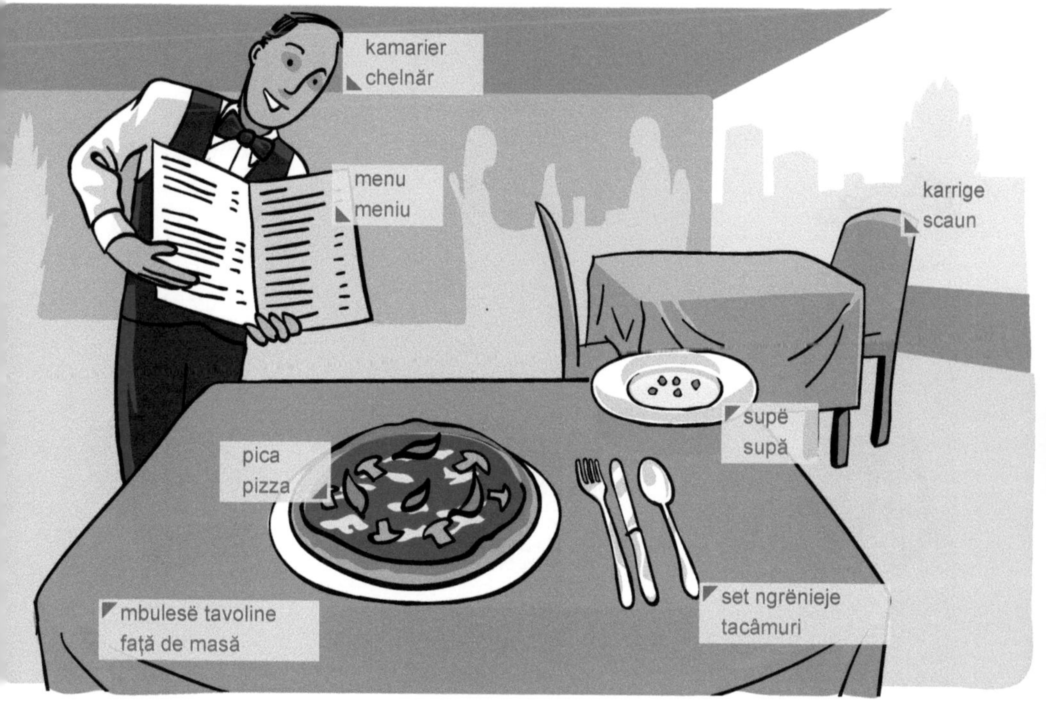
kamarier
chelnăr
menu
meniu
karrige
scaun
supë
supă
pica
pizza
mbulesë tavoline
față de masă
set ngrënieje
tacâmuri

pjatë e parë

antreu

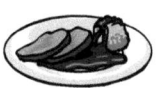

pjatë kryesore

fel principal

ëmbëlsirë

desert

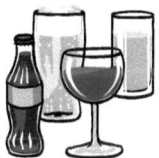

pije

băuturi

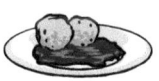

ushqim

mâncare

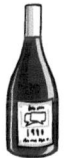

shishe

sticlă

ushqim i shpejtë

fastfood

ushqim i shërbyer në rrugë

streetfood

ibrik çaji

ceainic

kuti sheqeri

zaharniţă

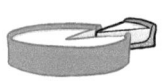

racion

porţie

makinë kafeje ekspres

espressor

karrige e lartë

scaun înalt (pentru copii)

faturë

factură

tabaka

tavă

thika

cuţit

pirun

furculiţă

lugë

lingură

lugë çaji

linguriţă

pecetë

şerveţel

gotë

pahar

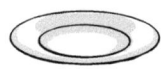

pjatë

farfurie

pjatë supe

farfurie de supă

pjatë filxhani

farfurie

salcë

sos

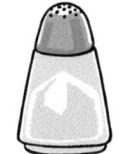

mbajtëse kripe

solniță

mulli piperi

râșniță de piper

uthull

oțet

vaj

ulei

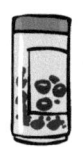

erëza

condimente

keçap

ketchup

mustardë

muștar

majonezë

maioneză

supermarket

supermarket

ofertë speciale
ofertă
klient
client
produkte bulmeti
produse lactate
frut
fructe
karrocë pazari
cărucior de cumpărături
FOR

BUTCHERS

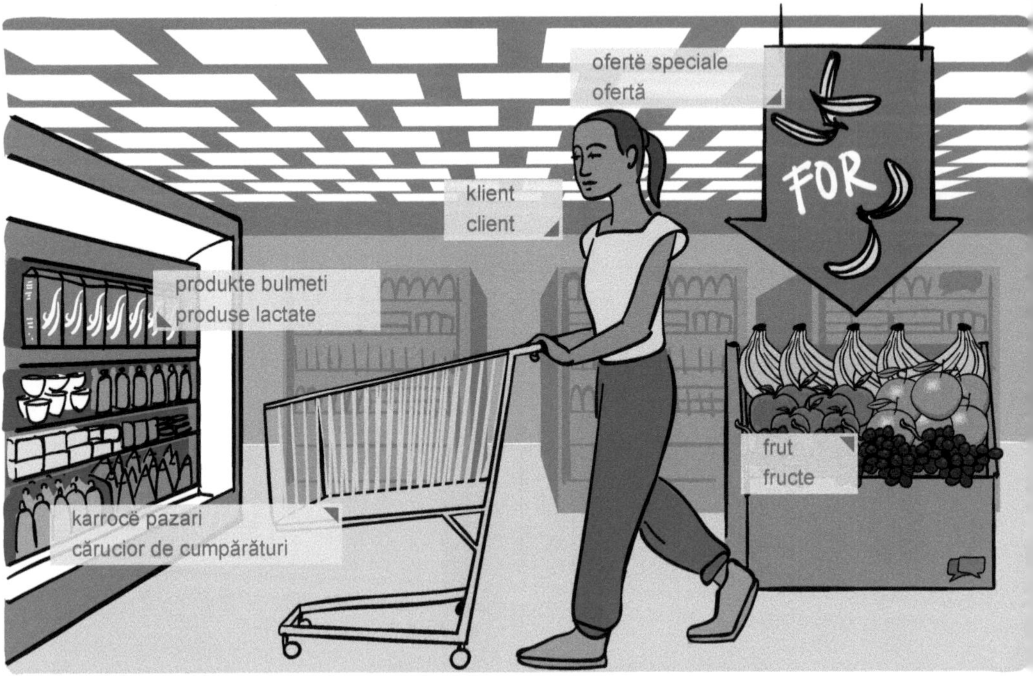

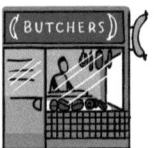

dyqan mishi

măcelărie

BAKERY

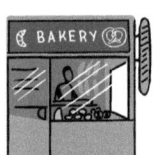

furrë buke

brutărie

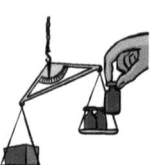

peshoj

a cântări

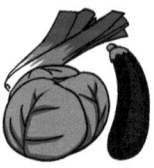

perime

legume

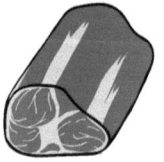

mish

carne

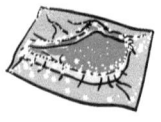

ushqim i ngrirë

alimente refrigerate

copë

mezeluri şi brânzeturi feliate

ushqim i konservuar

conserve

pluhur larës

detergent

ëmbëlsirat

dulciuri

prodhime shtëpie

articole de menaj

produkte pastrimi

produse de curățenie

shitëse

vânzătoare

kasë fiskale

casă

arkëtar

casier

listë blerjeje

listă de cumpărături

oraret e punës

orar

portofol

portmoneu

kartë krediti

carte de credit

çantë

geantă

qese plastike

pungă de plastic

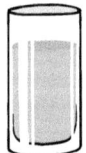

ujë

apă

lëng frutash

suc

qumësht

lapte

koka-kola

cola

verë

vin

birrë

bere

alkool

alcool

kakao

cacao

çaj

ceai

kafe

cafea

kafe ekspres

espresso

kapuçino

cappucino

banane

banane

mollë

măr

portokalle

portocală

pjepër

pepene

limon

lămâie

karrotë

morcov

hudhër

usturoi

bambu

bambus

qepë

ceapă

kërpudha

ciupercă

arra

nuci

makarona

paste făinoase

spageti
spagheti

oriz
orez

sallatë
salată

patate të skuqura
cartofi prăjiți

patate të skuqura
cartofi țărănești

pica
pizza

hamburger
hamburger

sanduiç
sandwich

shnicel
șnițel

proshutë
șuncă

sallam
salam

salçiçe
cârnați

pulë
pui

skuq
friptură

peshk
pește

tërshërë

fulgi de ovăz

drithëra

musli

kornfleiks

cereale

miell

făină

kruasant

corn

panine

chifle

bukë

pâine

tost

pâine prăjită

biskotë

biscuiți

gjalp

unt

gjizë

brânză de vaci

tortë

prăjitură

vezë

ou

vezë sy

ouă ochiuri

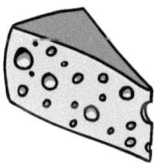

djathë

brânză

akullore

înghețată

sheqer

zahăr

mjaltë

miere

marmaladë

marmeladă

çokokrem

cremă nuga

këri

curry

fermë
gospodărie țărănească

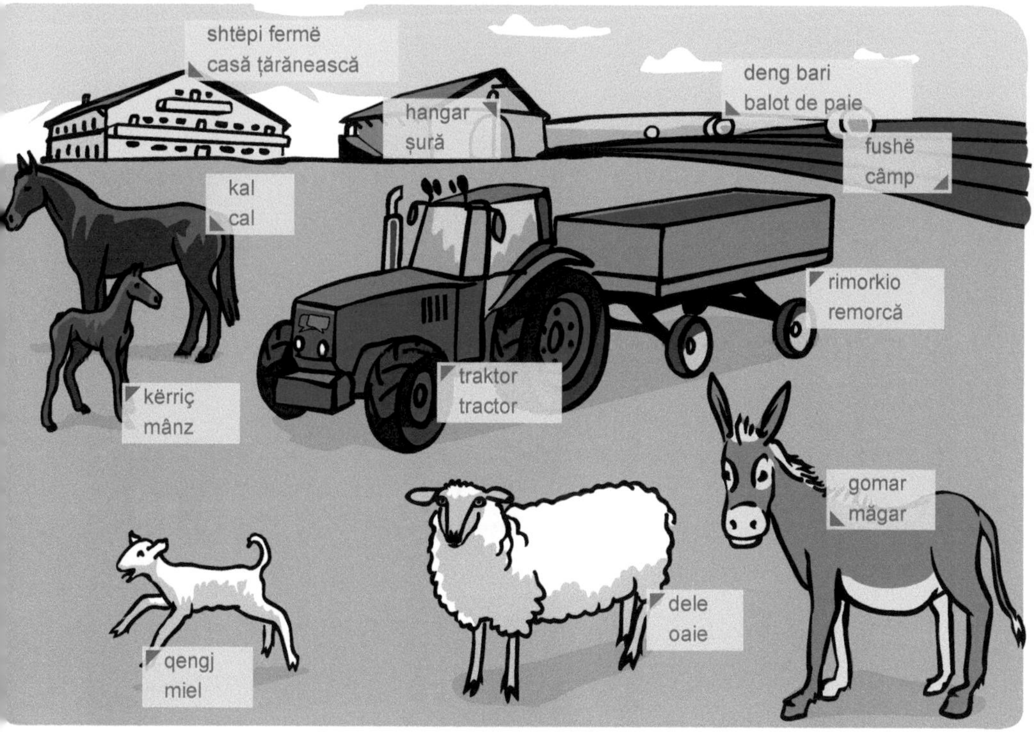

shtëpi fermë
casă țărănească
hangar
șură
deng bari
balot de paie
fushë
câmp
kal
cal
rimorkio
remorcă
traktor
tractor
kërriç
mânz
gomar
măgar
dele
oaie
qengj
miel

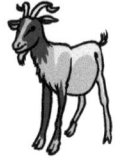

dhi
capră

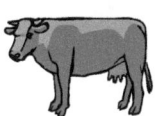

lopë
vacă

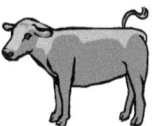

viç
vițel

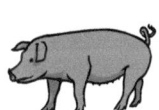

derr
porc

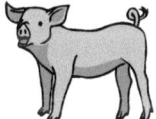

derrkuc
purcel

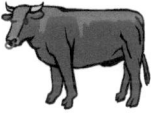

dem
taur

patë
_____
găină

rosë
_____
rață

zog pule
_____
pui

pulë
_____
găină

gjel
_____
cocoș

mi
_____
șobolan

mace
_____
pisică

mi
_____
șoarece

buall
_____
bou

qen
_____
câine

kolibe qeni
_____
cușcă

zorrë vaditëse
_____
furtun de grădină

vaditëse
_____
stropitoare

kosë
_____
coasă

plug
_____
plug

fermë - gospodărie țărănească

drapër

seceră

shat

sapă

kosa

furcă

sëpatë

secure

karrocë

roabă

govatë

troacă

bidon qumështi

cană pentru lapte

thes

sac

gardh

gard

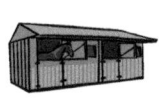

ahur

grajd

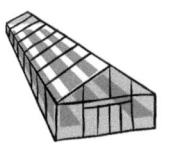

serë

seră

dhe

sol

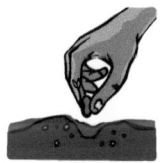

farë

sămânță

pleh

fertilizator

autokombanjë

combină de treierat

korr

a culege

te korrat

recoltă

patate e ëmbël "Yam"

cartof yam

grurë

grâu

soja

soia

patate

cartof

misër

porumb

raps

rapiță

pemë frutore

pom fructifer

zhardhok manioku

manioc

drithëra

cereale

fermë - gospodărie țărănească

shtëpi
casă

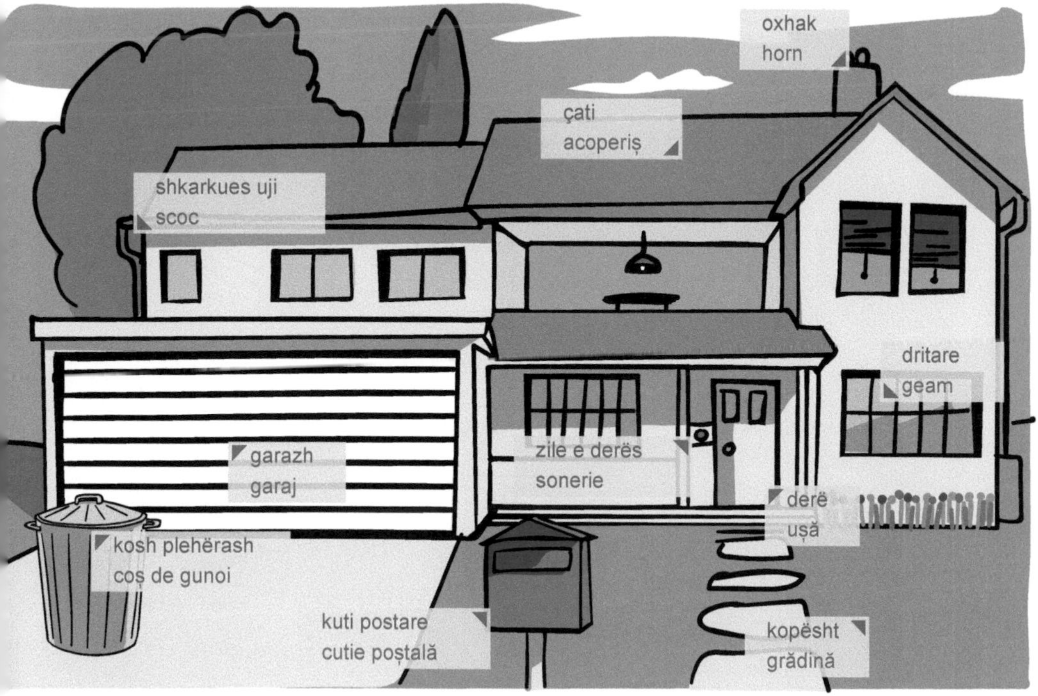
oxhak
horn
çati
acoperiș
shkarkues uji
scoc
dritare
geam
garazh
garaj
zile e derës
sonerie
derë
ușă
kosh plehërash
coș de gunoi
kuti postare
cutie poștală
kopësht
grădină

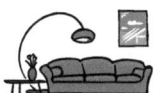

dhomë ndenjeje

cameră de zi

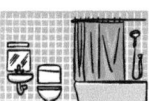

tualet

baie

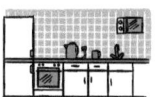

kuzhinë

bucătărie

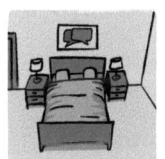

dhomë gjumi

dormitor

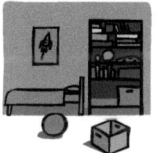

dhomë fëmijësh

camera copiilor

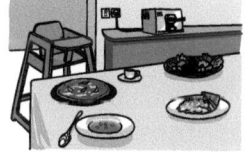

dhomë ngrënieje

sufragerie

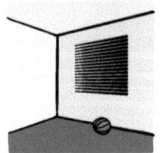

dysheme

podea

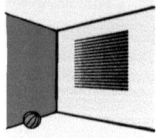

mur

perete

tavan

tavan

bodrum

pivniță

sauna

saună

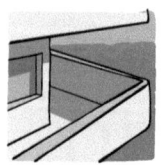

ballkon

balcon

tarracë

terasă

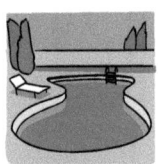

pishinë

piscină

kositëse bari

mașină de tuns iarba

çarçaf

cearșaf

kuvertë

cuvertură

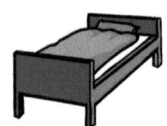

krevat

pat

fshesë dore

mătură

kovë

găleată

çelës

întrerupător

dhomë ndenjeje
cameră de zi

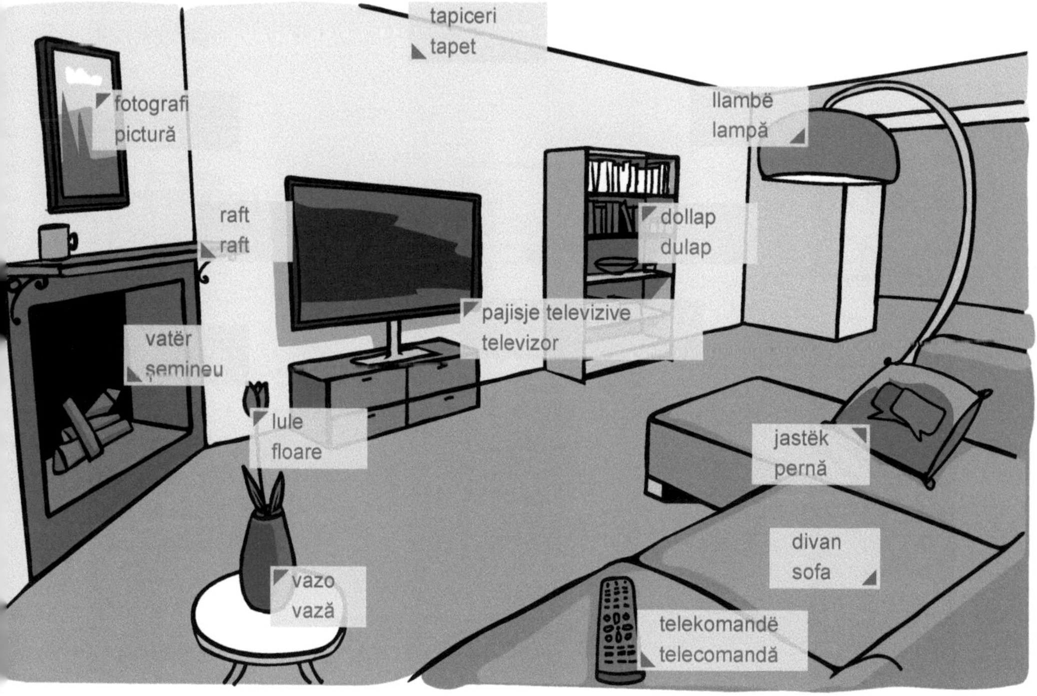

tapiceri
tapet
fotografi
pictură
llambë
lampă
raft
raft
dollap
dulap
pajisje televizive
televizor
vatër
șemineu
lule
floare
jastëk
pernă
divan
sofa
vazo
vază
telekomandë
telecomandă

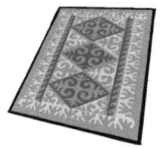

qilim
covor

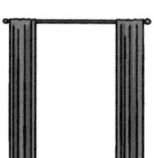

perde
perdea

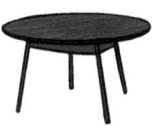

tavolinë
masă

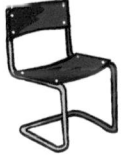

karrige
scaun

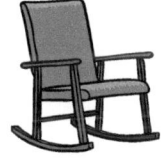

karrige lëkundëse
balansoar

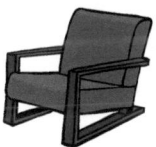

kolltuk
fotoliu

libri

carte

batanije

pătură

zbukurime

decoraţiune

dru zjarri

lemn de foc

film

film

stereo

instalaţie stereo

çelës

cheie

gazetë

ziar

pikturë

desen

afishe

poster

radio

radio

bllok shënimesh

caiet de notiţe

fshesë me korent

aspirator

kaktus

cactus

qiri

lumânare

kuzhinë
bucătărie

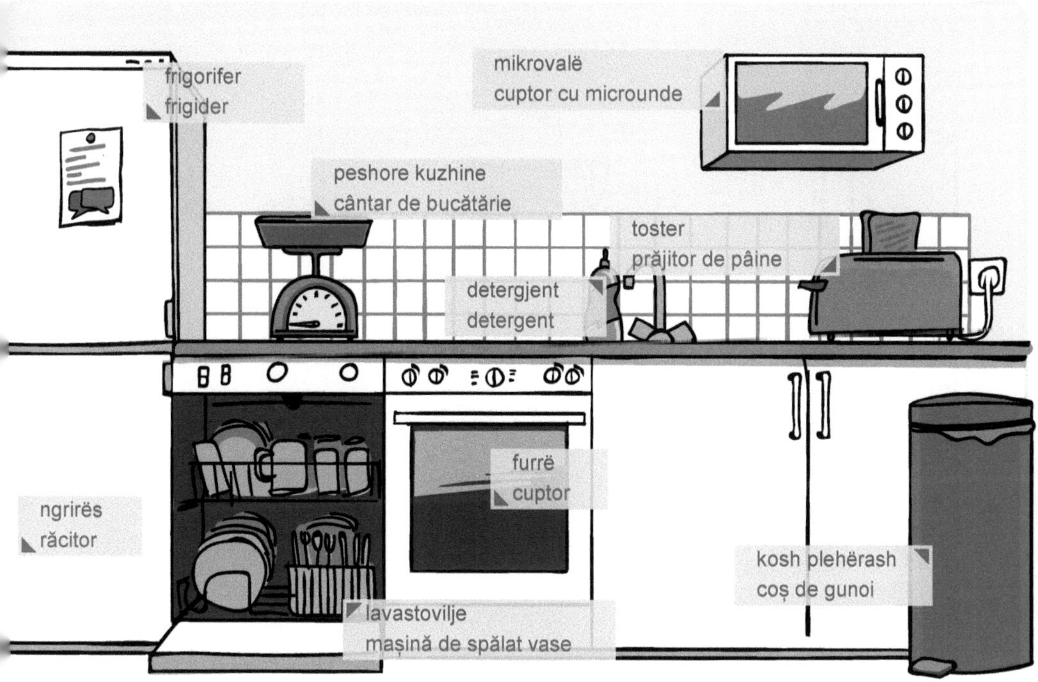
frigorifer
frigider
mikrovalë
cuptor cu microunde
peshore kuzhine
cântar de bucătărie
toster
prăjitor de pâine
detergjent
detergent
furrë
cuptor
ngrirës
răcitor
kosh plehërash
coș de gunoi
lavastovilje
mașină de spălat vase

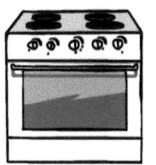

sobë
cuptor

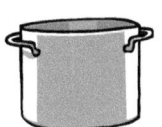

tenxhere
oală

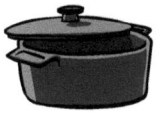

tenxhere me kapak
oală de metal

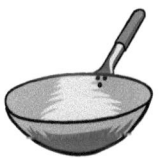

tigan special (Wok)
wok/kadai

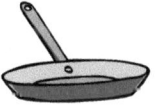

tigan
tigaie

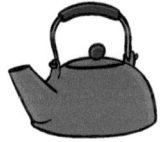

çajnik
ceainic

tenxhere me avull

oală de gătit cu aburi

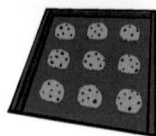

tavë pjekjeje

tavă de copt

enë

veselă

filxhan

pahar

tas

bol

shkopinj

bețișoare

garuzhde

polonic

spatul

spatulă

tel kuzhine

tel

kulluese

sită

sitë

sită

rende

răzătoare

havan

mojar

skarë

grătar

zjarr

loc pentru grătar

dërrasë për prerje

tocător

okllai

sucitor

heqëse tapash

tirbușon

kanaçe

conservă

hapëse kanaçeje

deschizător de conserve

rrobë për të kapur tenxheren

șervete termice

lavaman

chiuvetă

furçë

perie

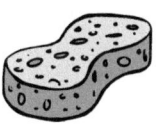

sfungjer

burete

përzjerës

mixer

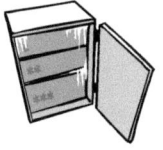

ngrirës

ladă frigorifică

biberon për lëngje

biberon

rubinet

robinet

tualet
baie

ngrohje
încălzire
peshqirë
prosop
dush
duș
perde dushi
perdea de duș
vaskë me shkumë
baie cu spumă
vaskë
cadă
gotë
pahar
lavatriçe
mașină de spălat
rubinet
robinet
pllaka
gresie
oturak
oală de noapte
lavaman
chiuvetă

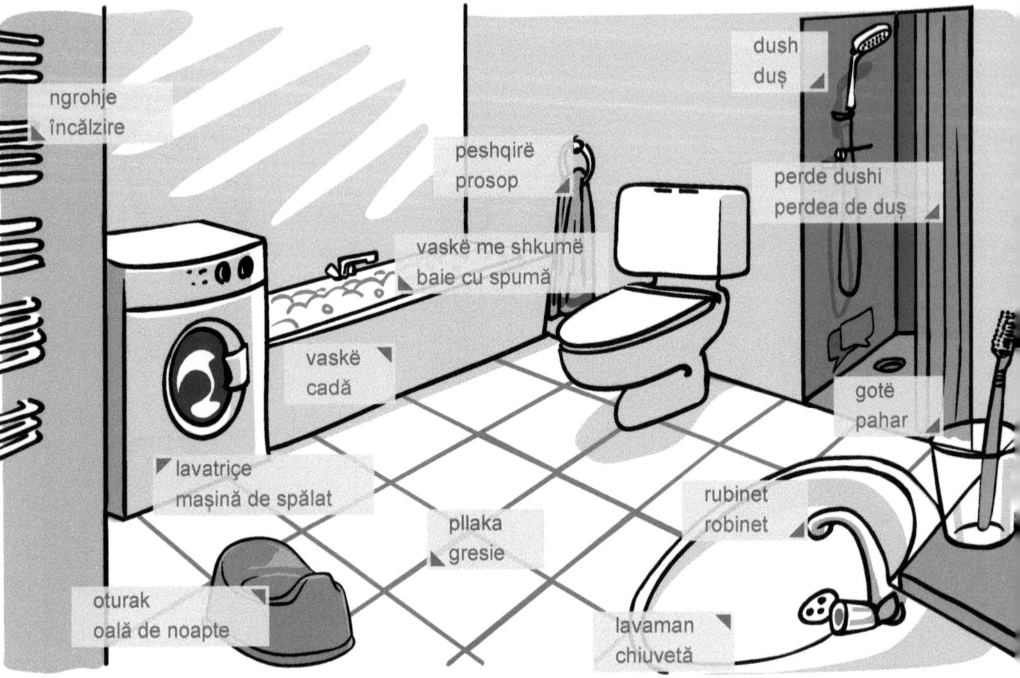

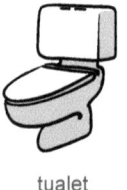

tualet
toaletă

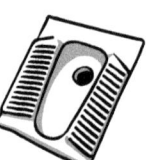

WC e sheshtë
toaletă turcescă

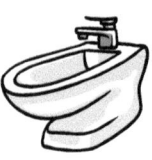

bide
bideu

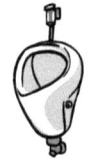

tualet publik
pisoir

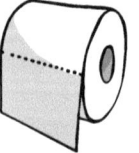

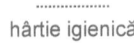

letër higjienike
hârtie igienică

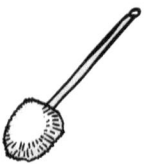

furçe për WC
perie de toaletă

furçë dhëmbësh

periuță de dinți

pastë dhëmbësh

pastă de dinți

fije dentare

ață dentară

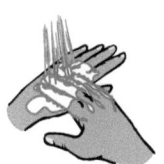

laj

a spăla

dorezë dushi

cap de duș

larës për zonën intime

duș intim

legen

lavoar

furçë për masazh shpine

perie pentru spate

sapun

săpun

shampo trupi

gel de duș

shampo

șampon

leckë pastruese

cârpă de spălat

kullues

scurgere

krem

cremă

antidjersë

deodorant

pasqyrë

oglindă

pasqyrë dore

oglindă cosmetică

brisk rroje

aparat de ras

shkumë rroje

spumă de ras

locion pas rrojes

aftershave

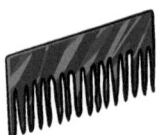

krehër

pieptene

furçë

perie

tharëse flokësh

uscător de păr

llak për flokët

fixator

grim

machiaj

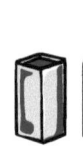

buzëkuq

ruj

manikyr

lac de unghii

mbushje pambuku

vată

gërshërë për thonj

foarfece de unghii

parfum

parfum

çantë për sendet personale

neseser

Stol

taburet

peshore

cântar

robëdëshambër

halat de baie

dorashka gome

mănuși de cauciuc

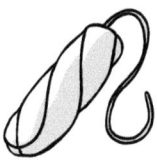

tampon

tampon

peceta higjienike

tampon

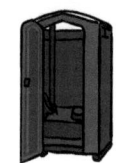

tualet I lëvizshëm

toaletă chimică

tualet - baie

dhomë fëmijësh

camera copiilor

orë me zile
ceas deșteptător
lodra me pellushë
jucărie de pluș
makinë lodër
mașină de jucărie
rraketake
morișcă
shtëpi kukullash
casă de păpuși
dhuratë
cadou

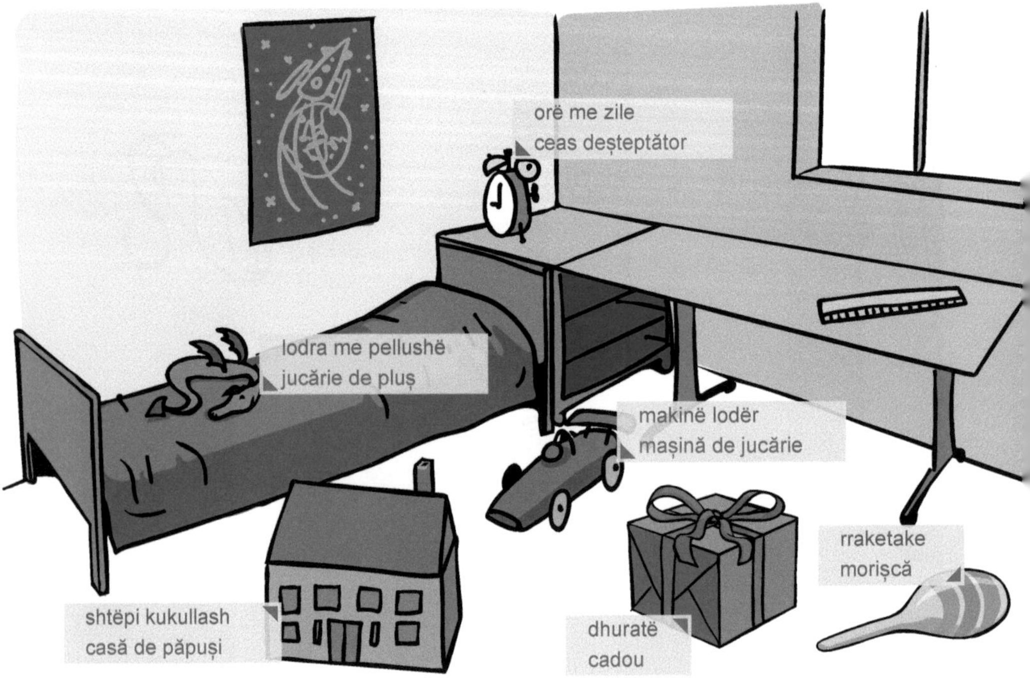

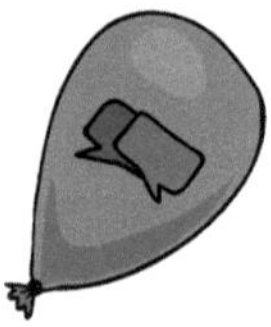

tollumbace

balon

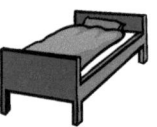

krevat

pat

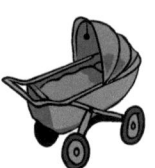

karrocë fëmijësh

cărucior de copii

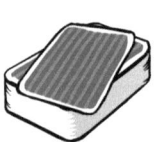

lojë me letra

joc de cărți

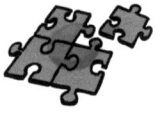

bashkim pjesësh me figura

puzzle

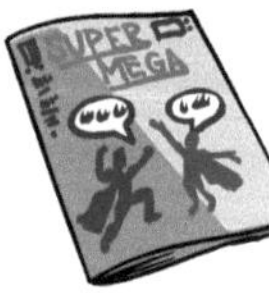

komik

revistă de benzi desenate

formuese lodër

cuburi lego

kuba plastikë

piese pentru construcţii

lodra

personaj din filmele de acţiune

badi

body

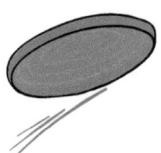

frizbi

frisbee

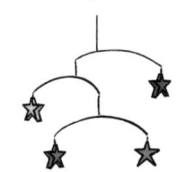

lodra të varura tek krevati i fëmijëve

mobil

tavolinë lojërash

joc de societate

zare

zar

model treni

set trenuleţ de jucărie

biberon

suzetă

festë

petrecere

libër me ilustrime

carte cu poze

top

minge

kukull

păpuşă

luaj

a se juca

dhomë fëmijësh - camera copiilor

grumbull rëre

groapă de nisip

kolovarëse

leagăn

lodra

jucării

leva për lojra video

consolă video

triçikël

tricicletă

arush prej pellushi

ursuleț

garderobë

dulap

veshje

îmbrăcăminte

çorape

șosete

çorape të gjata

ciorapi

geta

dres

shall
şal

çadër
umbrelă

bluzë pa jakë
tricou

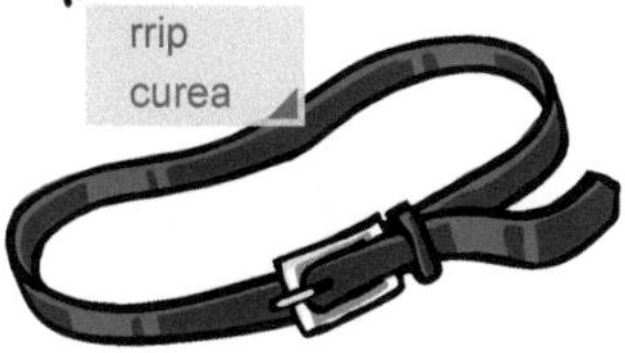

rrip
curea

çizme
cizme

pantofla
papuci

atlete
pantofi sport

sandale
....
sandale

këpucë
....
încălţăminte

çizme llastiku
....
cizme de cauciuc

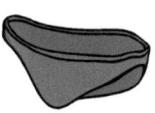

të mbathura
....
chilot

reçipeta
....
sutien

kanotierë
....
maiou

trup
body

pantallona
pantaloni

xhinse
blugi

fund
fustă

bluzë
bluză

këmishë
cămaşă

pulovër
pulover

triko
jerseu

xhaketë
sacou

xhaketë
jachetă

pallto
palton

mushama shiu
pelerină de ploaie

kostum
costum

fustan
rochie

fustan nusërie
rochie de mireasă

kostum
costum

këmishë nate
cămaşă de noapte

pizhama
pijama

sari (veshje tradicionale indiane)
sari

shami koke
batic

çallmë
turban

veshje për femrat e besimit musliman
burka

kaftan (lloj veshjeje tradicionale)
caftan

ferexhe
abaya

kostum banje
costum de baie

rroba banje
şort

pantallona të shkurtra
pantaloni scurţi

tuta sporti
trening

përparëse
şorţ

dorashka
mănuşi

kopsë

nasture

syze

ochelari

byzylyk

brățară

gjerdan

lanț

unazë

inel

vath

cercel

kapuç

căciulă

varëse për pallto

umeraș

kapele

pălărie

kravatë

cravată

zinxhir

fermoar

helmetë

cască

tiranda

bretele

uniformë shkolle

uniformă școlară

uniformë

uniformă

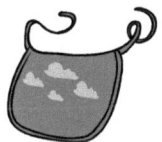

gushore

bavețică

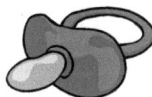

biberon

suzetă

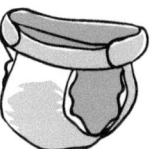

pelenë

scutec

zyrë
birou

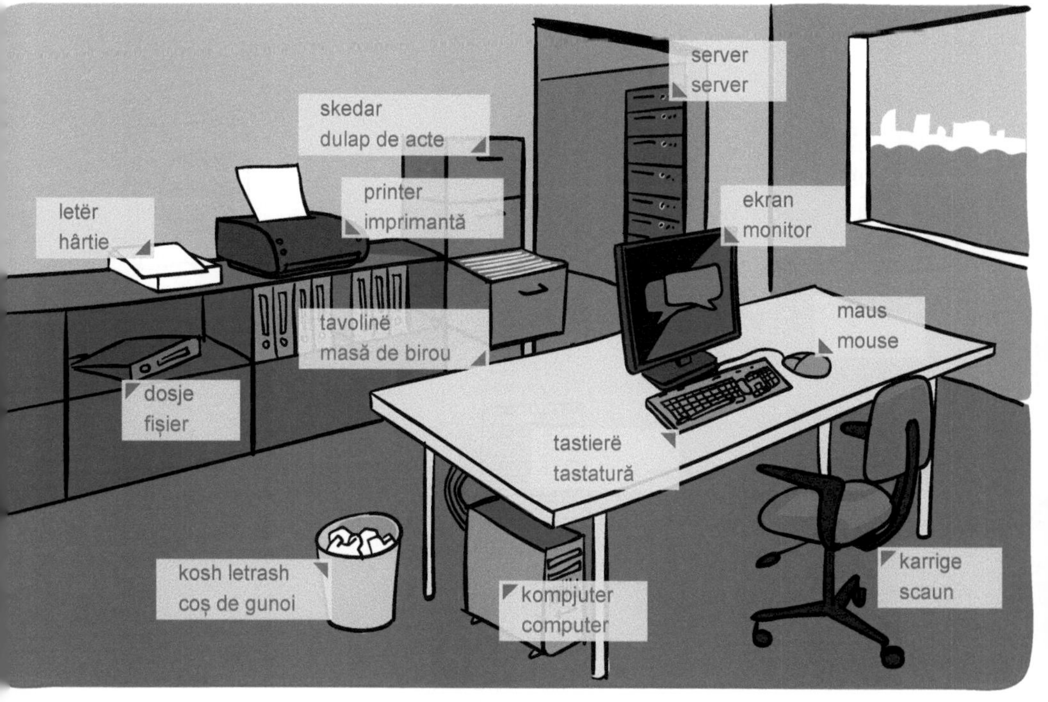
server
server
skedar
dulap de acte
printer
imprimantă
letër
hârtie
ekran
monitor
maus
mouse
tavolinë
masă de birou
dosje
fișier
tastierë
tastatură
kosh letrash
coș de gunoi
kompjuter
computer
karrige
scaun

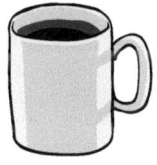

filxhan kafeje

ceașcă de cafea

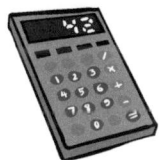

makinë llogaritëse

calculator

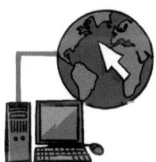

internet

internet

kompjuter portativ

laptop

letër

scrisoare

mesazh

mesaj

telefon

telefon mobil

rrjet

rețea

fotokopje

copiator

program

software

telefon

telefon

prizë

priză

pajisje faksi

fax

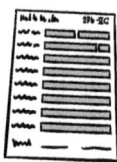

formular

formular

dokument

document

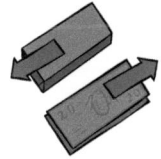

blej
....
a cumpăra

paguaj
....
a plăti

tregtoj
....
a face comerţ

para
....
bani

dollar
....
Dolar

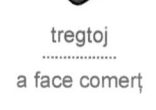

euro
....
Euro

jen
....
Yen

rubla
....
Rublă

franga zvicerane
....
Franc Elveţian

Juani kınez
....
renminbi yuan

rupje
....
Rupie

bankomat
....
bancomat

pikë këmbimi valutor

casă de schimb valutar

ar

aur

argjend

argint

nafta

petrol

energji

energie

çmim

preț

kontratë

contract

taksë

impozit

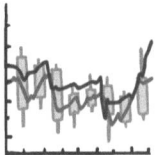

aksione

acțiune

punoj

a munci

punonjës

angajat

punëdhënës

angajator

fabrikë

fabrică

dyqan

magazin

oficer policie
polițist

zjarrfikës
pompier

kuzhinier
bucătar

mjek
medic

pilot
pilot

kopshtar

grădinar

marangoz

tâmplar

rrobaqepëse

cusătoreasă

gjykatës

judecător

kimist

chimist

aktor

actor

shofer autobuzi

șofer de autobuz

taksist

șofer de taxi

peshkatar

pescar

pastruese

femeie de serviciu

riparues çatish

tinichigiu

kamarier

chelnăr

gjuetar

vânător

piktor

pictor

furrxhi

brutar

elektriçist

electrician

ndërtues

muncitor în construcții

inxhinier

inginer

kasap

măcelar

hidraulik

instalator

postieri

poștaș

ushtar

soldat

arkitekt

arhitect

arkëtar

casier

luleshitës

florar

berber

frizer

kontrollor

controlor

mekanik

mecanic

kapiten

căpitan

dentist

stomatolog

shkencëtar

om de știință

rabin

rabin

imam

imam

murg

călugăr

klerik

preot

mjete
instrumente

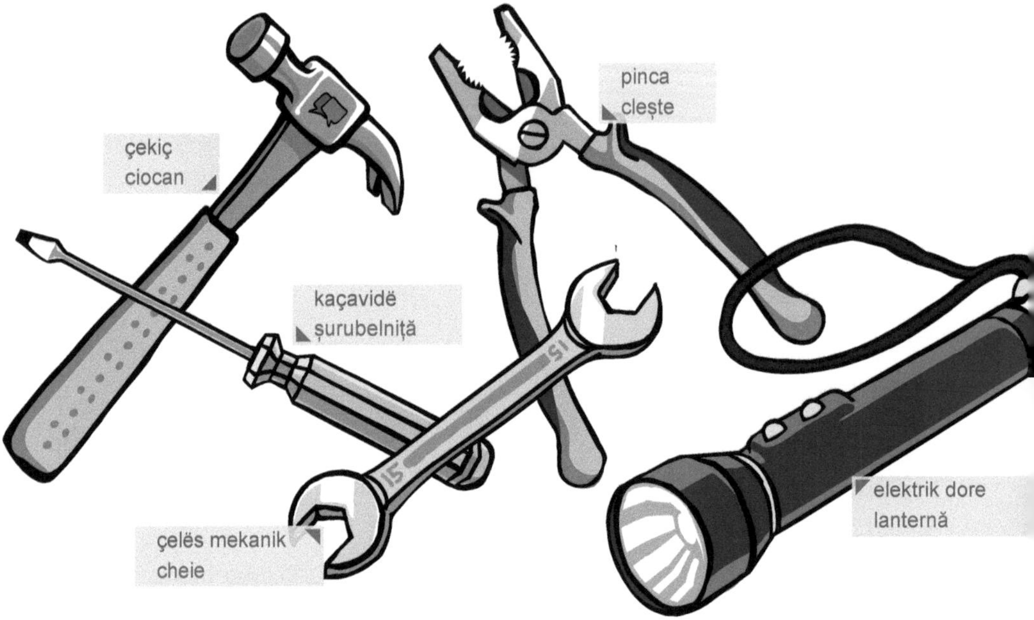
pinca
clește
çekiç
ciocan
kaçavidë
șurubelniță
çelës mekanik
cheie
elektrik dore
lanternă

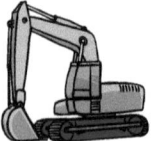

ekskavator

excavator

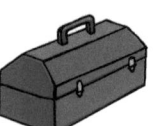

kuti veglash

cutie de scule

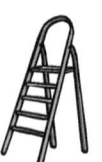

shkallë

scară

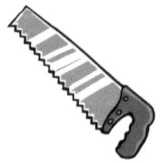

sharrë

ferăstrău

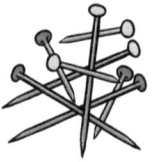

gozhdë

cuie

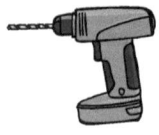

trapan

burghiu

riparoj
a repara

lopatë
lopată

Dreq!
La naiba!

kaci
făraș

kuti boje
vas pentru vopsea

vidhë
șuruburi

instrumenta muzikorë
instrumente muzicale

altoparlant
difuzor

bateri
set tobe

kontrabas
contrabas

trompë
trompetă

kitare
chitară

piano
pian

violinë
vioarë

bas
bas

tamburë
trombon

daulle
tobă

tastierë pianoje
keyboard

saksofon
saxofon

flaut
fluier

mikrofon
microfon

kopsht zoologjik
grădină zoologică

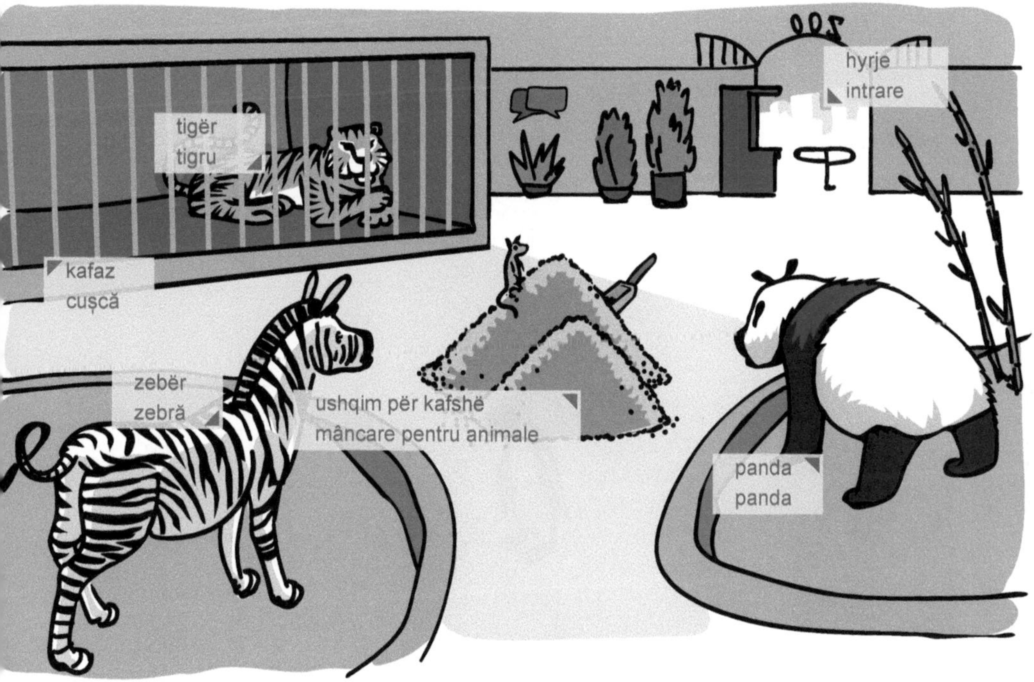
hyrje
intrare
tigër
tigru
kafaz
cușcă
zebër
zebră
ushqim për kafshë
mâncare pentru animale
panda
panda

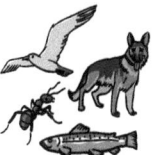

kafshë

animale

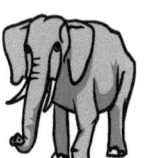

elefant

elefant

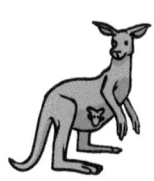

kangur

cangur

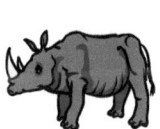

rinoceront

rinocer

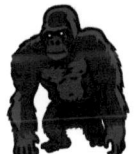

gorillë

gorilă

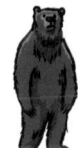

ari

urs

deve

cămilă

struc

struţ

luan

leu

majmun

maimuţă

flamingo

flamingo

papagall

papagal

ari polar

urs polar

pinguin

pinguin

peshkaqen

rechin

pallua

păun

gjarpër

şarpe

krokodil

crocodil

punonjës i kopshtit zoologjik

îngrijitor grădina zoologică

fokë

focă

xhaguar

jaguar

poni

ponei

leopard

leopard

hipopotam

hipopotam

gjirafë

girafă

shqiponjë

acvilă

derr i egër

porc mistreț

peshk

pește

breshkë

broască țestoasă

lopë deti

morsă

dhelpër

vulpe

gazelë

gazelă

futboll amerikan
fotbal american

çiklizëm
ciclism

tenis
tenis

basketboll
basketball

not
înot

boks
box

hokej mbi akull
hockey pe gheață

futboll
fotbal

badminton
badminton

atletikë
atletism

hendboll
handbal

ski
schi

polo
polo

aktivitet
activități

qesh
a râde
hidhem
a sări
përqafoj
a îmbrățișa
eci
a merge
këndoj
a cânta
ëndërroj
a visa
lutem
a se ruga
puth
a săruta

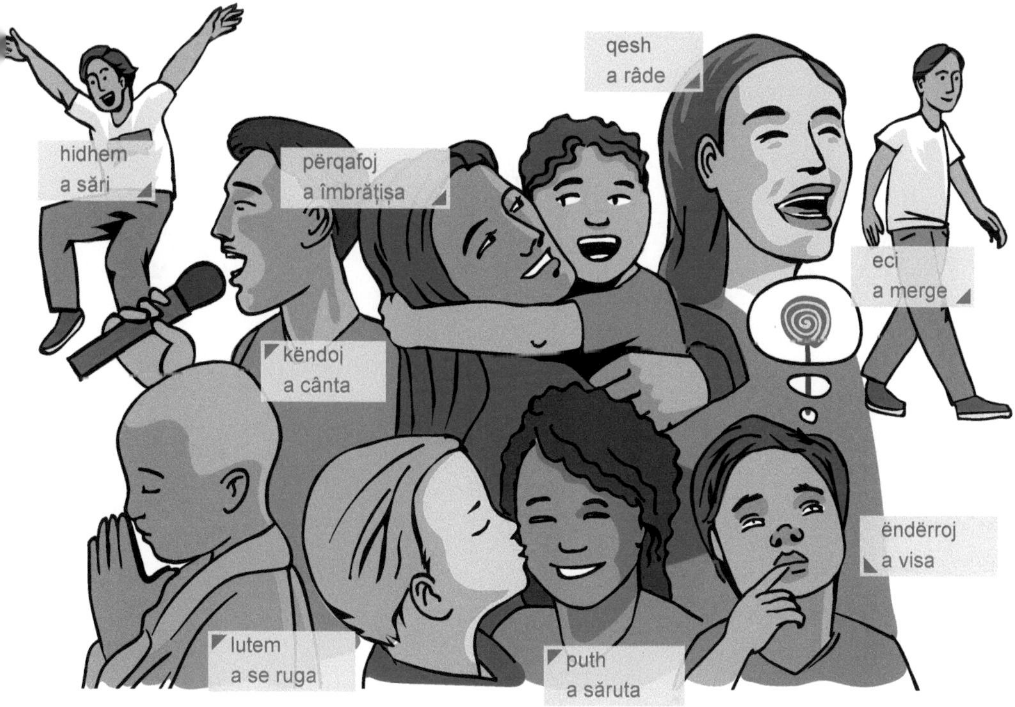

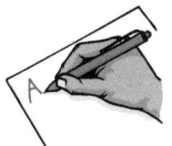

shkruaj
....
a scrie

vizatoj
....
a desena

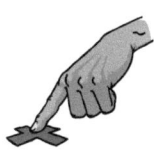

tregoj
....
a arăta

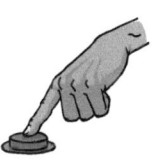

shtyj
....
a împinge

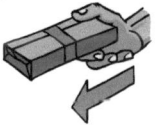

jap
....
a da

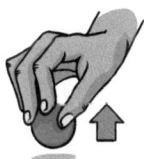

marr
....
a lua

kam

a avea

bëj

a face

jam

a fi

qëndroj

a sta în picioare

vrapoj

a fugi

tërheq

a trage

hedh

a arunca

bie

a cădea

shtrihem

a sta întins

pres

a aștepta

mbaj

a purta

ulem

a ședea

vishem

a se îmbrăca

fle

a dormi

zgjohem

a se trezi

aktivitet - activități

shikoj

a privi

qaj

a plânge

përkëdhel

a mângâia

kreh

a se pieptăna

bisedoj

a vorbi

kuptoj

a înțelege

kërkoj

a întreba

dëgjoj

a asculta

pi

a bea

ha

a mânca

sistemoj

a face ordine

dashuroj

a iubi

gatuaj

a găti

drejtoj makinën

a conduce

fluturoj

a zbura

lundroj

a naviga

llogaris

a calcula

lexoj

a citi

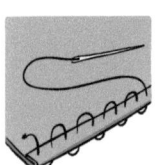

mësoj

a învăţa

punoj

a munci

martohem

a se căsători

qep

a coase

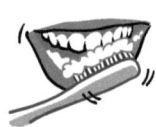

laj dhëmbët

a se spăla pe dinţi

vras

a ucide

tymos

a fuma

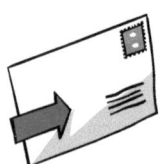

dërgoj

a trimite

familje
familie

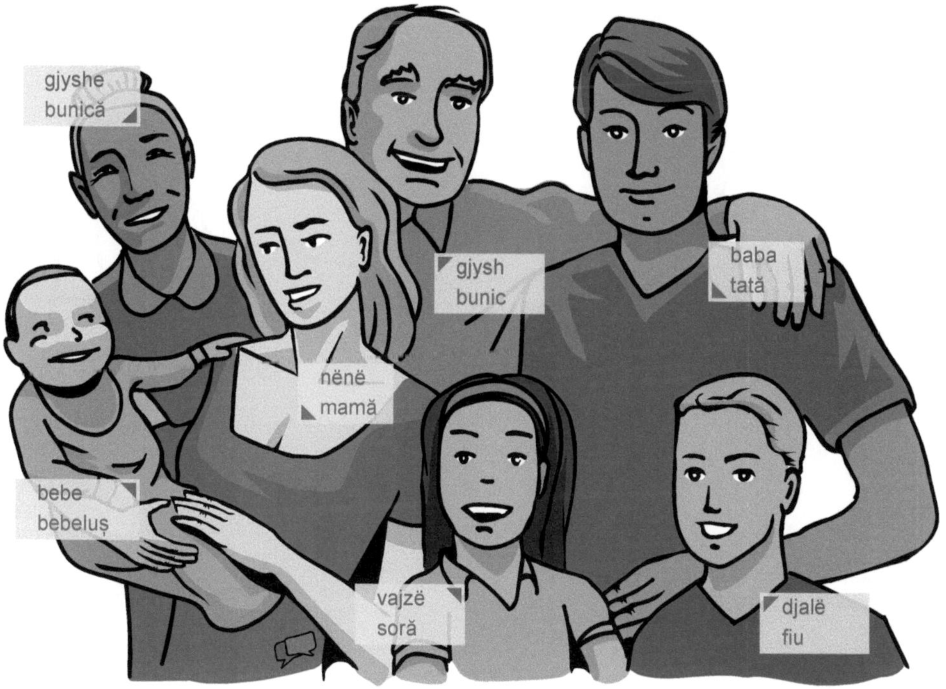
gjyshe
bunică
gjysh
bunic
baba
tată
nënë
mamă
bebe
bebeluș
vajzë
soră
djalë
fiu

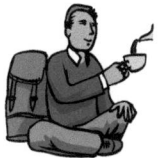

mysafir

oaspete

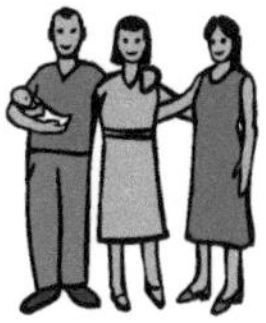

teze, hallë

mătușă

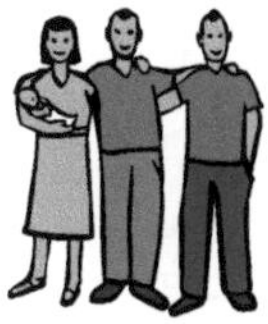

dajë, xhaxha

unchi

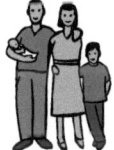

vëlla

frate

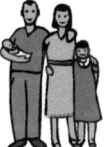

motër

soră

trupi

corp

balli
frunte
syri
ochi
shpatulla
umăr
gishti
deget
fytyra
față
mjekra
bărbie
dora
mână
këmba
picior
krahërori
piept
krahu
braț

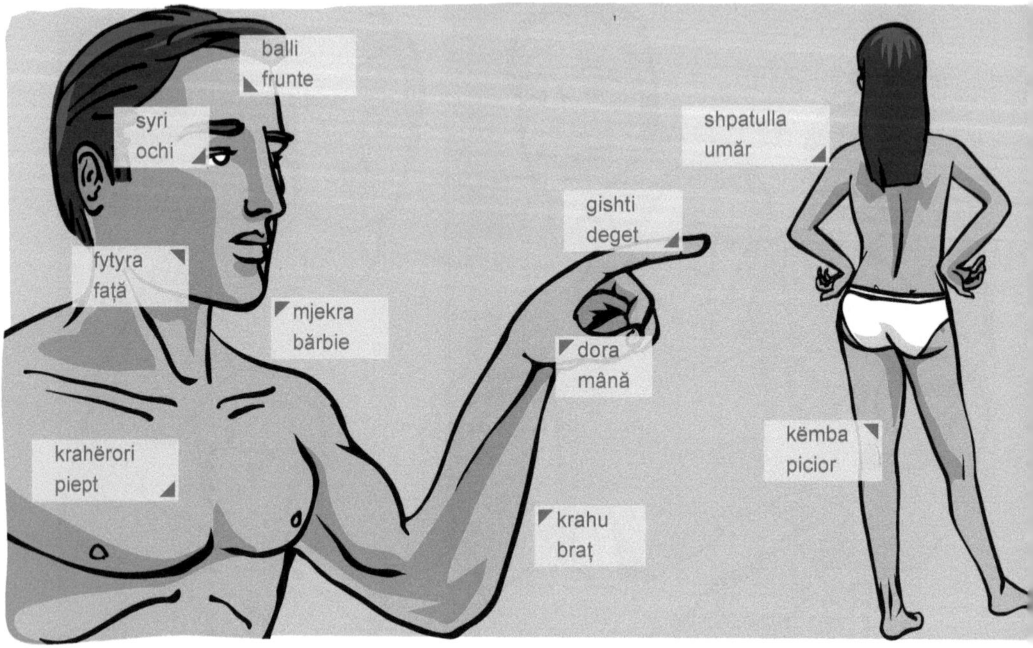

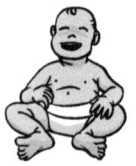

bebe
bebeluș

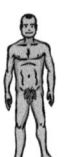

burrë
bărbat

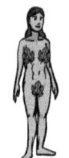

grua
femeie

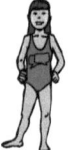

vajzë
fată

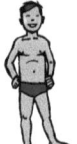

djalë
băiat

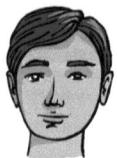

koka
cap

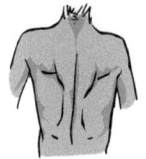

shpina
spate

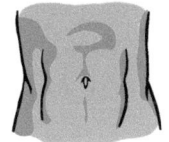

barku
abdomen

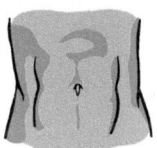

kërthiza
ombilic

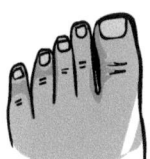

gisht këmbe
deget de la picior

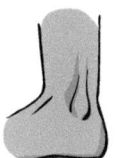

Thembra
călcâı

kockë
os

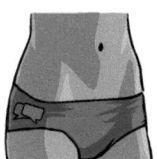

legeni
șold

gjuri
genunchi

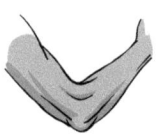

bërryli
cot

hunda
nas

vithe
fund

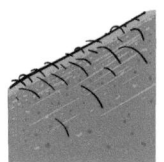

lëkura
piele

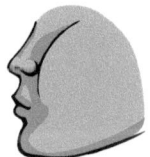

faqja
obraz

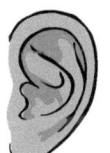

veshi
ureche

buza
buză

trupi - corp

goja

gură

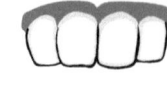

dhëmbët

dinte

gjuha

limbă

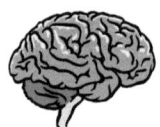

truri

creier

zemra

inimă

muskul

mușchi

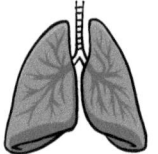

mushkëria

plămân

mëlçia

ficat

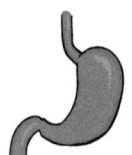

stomaku

stomac

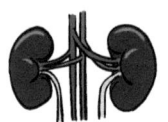

veshka

rinichi

seks

sex

prezervativ

prezervativ

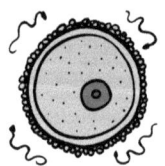

veza

ovul

sperma

spermă

shtatëzani

sarcină

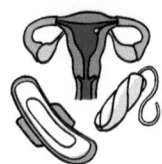

menstruacione
menstruație

vagina
vagin

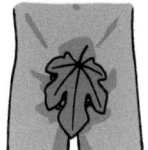

penis
penis

vetulla
sprânceană

flokët
păr

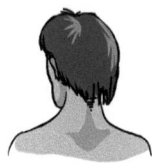

qafa
gât

spital
spital

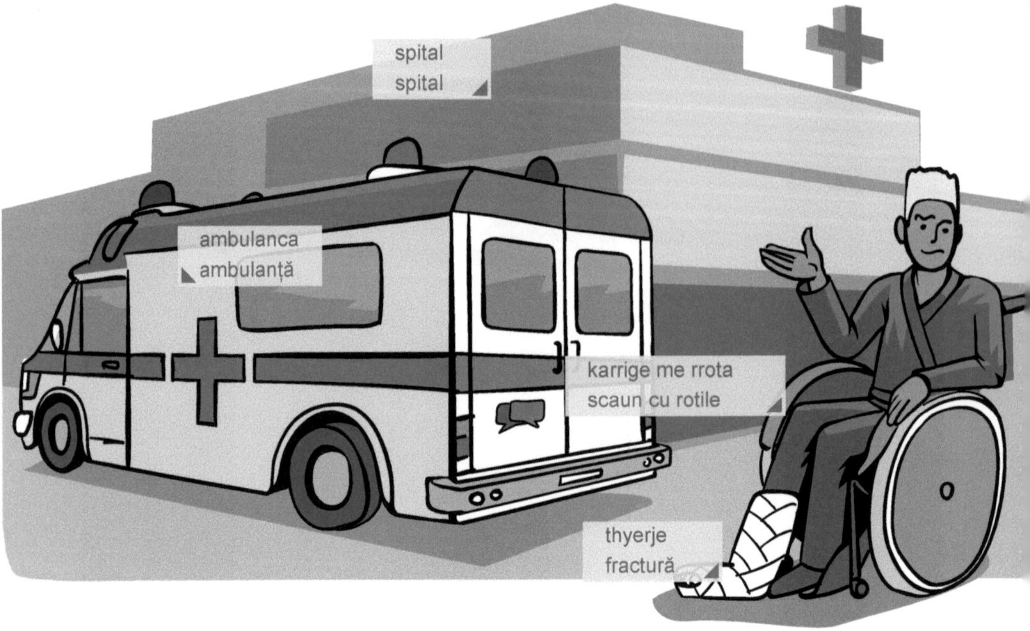

spital
spital
ambulanca
ambulanță
karrige me rrota
scaun cu rotile
thyerje
fractură

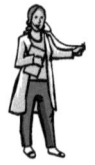

mjek
medic

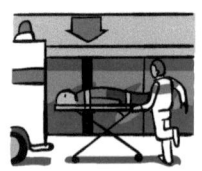

sallë urgjencash
unitate de primiri urgențe

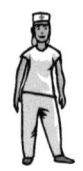

infermiere
soră medicală

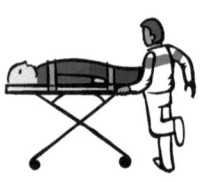

emergjencë
urgență

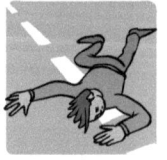

i pandërgjegjshëm
inconștient

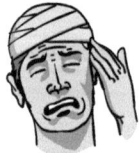

dhimbje
durere

dëmtim

leziune

gjakosje

sângerare

infarkt

infarct miocardic

goditje

atac cerebral

alergji

alergie

kolla

tuse

ethe

febră

grip

gripă

diarre

diaree

dhimbje koke

durere de cap

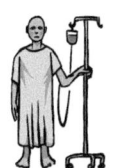

kancer

cancer

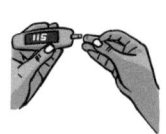

diabet

diabet

kirurg

chirurg

bisturi

scalpel

operacion

operație

CT (skaner)

CT

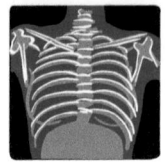

radiografi

raze Röntgen

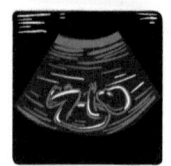

ultratingull

ultrasunet

maskë fytyre

mască

sëmundje

boală

dhomë pritjeje

sală de așteptare

paterica

cârjă

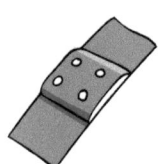

leukoplast

plasture

fasho

bandaj

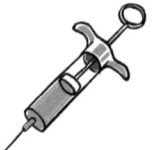

injeksion

injecție

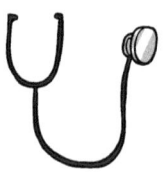

stetoskop

stetoscop

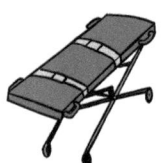

barelë

targă

termometër

termometru

lindje

naștere

mbipeshë

supraponderabilitate

aparat dëgjimi

aparat auditiv

dezinfektant

dezinfectant

infeksion

infecţie

virus

virus

HIV / AIDS

HIV/SIDA

mjekësi, mjekim

medicină

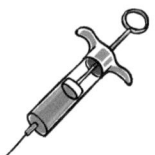

vaksinim

vaccin

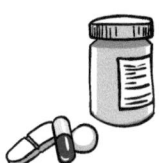

tableta

tablete

pilulë

pastilă

telefonatë emergjence

apel de urgenţă

aparat tensioni

aparat de măsurare a
presiunii arteriale

i sëmurë / i shëndetshëm

bolnav/sănătos

Ndihmë!

Ajutor!

alarm

alarmă

sulm

agresiune

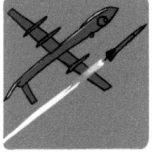

atak

atac

rrezik

pericol

dalje emergjence

ieşire de urgenţă

Zjarr!

Foc!

fikëse zjarri

extinctor

aksident

accident

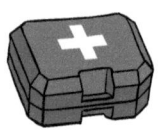

kuti e ndimës së shpejtë

trusă de prim-ajutor

SOS

SOS

policia

poliţie

Europa

Europa

Amerika e Veriut

America de Nord

Amerika e Jugut

America de Sud

Afrika

Africa

Azia

Asia

Australia

Australia

Atlantiku

Altantic

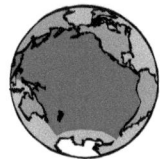

Paqësori

Pacific

Oqeani Indian

Oceanul Indian

Oqeani Antarktik

Oceanul Antarctic

Oqeani Arktik

Oceanul Arctic

Poli i veriut

Polul Nord

Poli i Jugut

Polul Sud

Antarktida

Antarctica

toka

pământ

tokë

ţară

det

mare

ishull

insulă

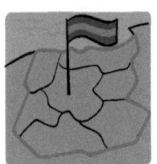

komb

naţiune

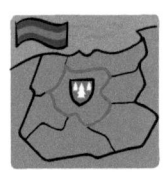

shtet

stat

fusha e orës
cadran

akrepi i orës
orar

akrepi i minutave
minutar

akrepi i sekondave
secundar

Sa është ora?
Cât e ceasul?

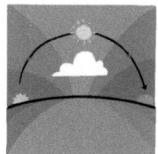

ditë
zi

kohë
timp

tani
acum

orë dixhitale
cead digital

minutë
minut

orë
oră

javë
săptămână

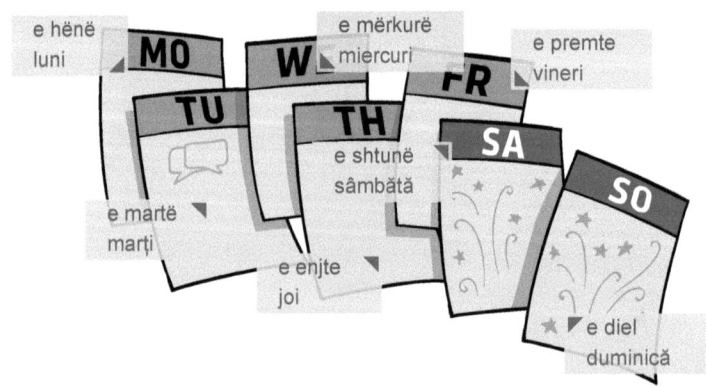

e hënë
luni

e mërkurë
miercuri

e premte
vineri

e martë
marţi

e shtunë
sâmbătă

e enjte
joi

e diel
duminică

dje

ieri

sot

azi

nesër

mâine

mëngjes

dimineaţă

mesditë

amiază

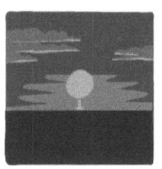

mbrëmje

seară

MO	TU	WE	TH	FR	SA	SU
1	2	3	4	5	6	7
8	9	10	11	12	13	14
15	16	17	18	19	20	21
22	23	24	25	26	27	28
29	30	31	1	2	3	4

ditë pune

zile lucrătoare

MO	TU	WE	TH	FR	SA	SU
1	2	3	4	5	6	7
8	9	10	11	12	13	14
15	16	17	18	19	20	21
22	23	24	25	26	27	28
29	30	31	1	2	3	4

fundjavë

week-end

vit
an

shi
ploaie
ylber
curcubeu
erë
vânt
borë
zăpadă
pranverë
primăvară
vjeshtë
toamnă
verë
vară
dimër
iarnă

4.APRIL 11°
5.APRIL 4°
6.APRIL 13°
7.APRIL 8°
8.APRIL 10°

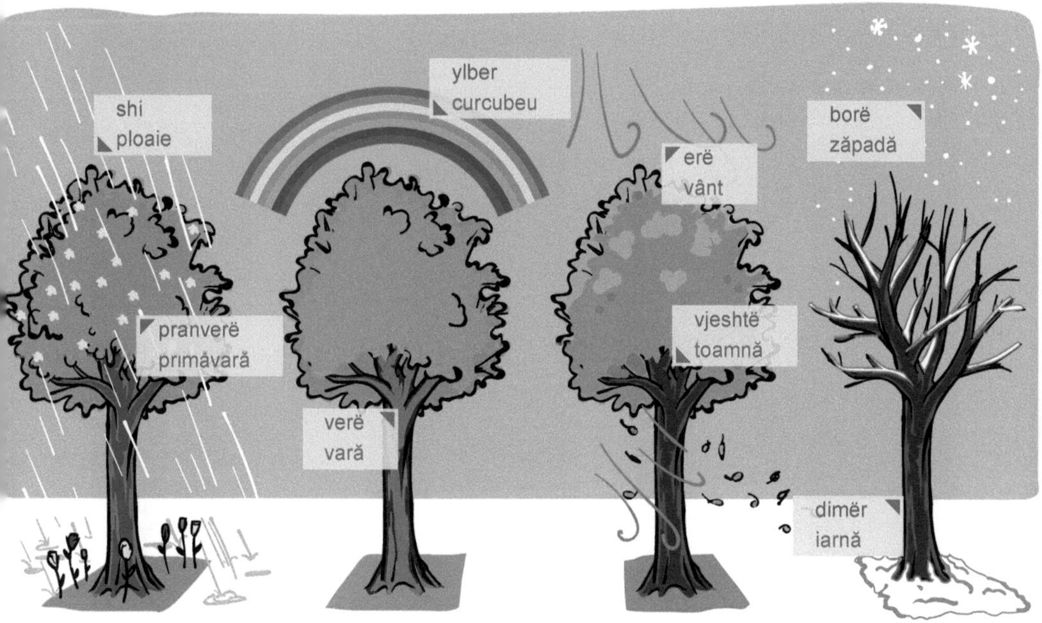

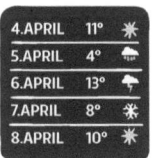

parashikimi i motit

prognoză meteo

F C
120 40
90 30
60 20
30 10
0 0
-30 -10
-20

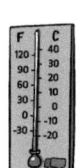

termometër

termometru

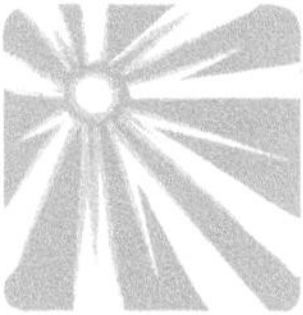

ndriçim dielli

lumina soarelui

re

nor

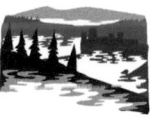

mjegull

ceață

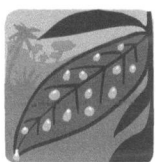

lagështi

umiditate a aerului

vetëtima

fulger

gjëmim

tunet

stuhi

furtună

breshër

grindină

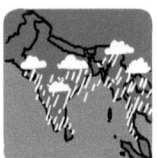

muson

muson

përmbytje

inundaţie

akull

gheaţă

janar

ianuarie

shkurt

februarie

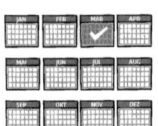

mars

martie

prill

aprilie

maj

mai

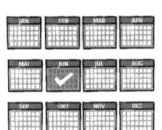

qershor

iunie

korrik

iulie

gusht

august

shtator
....
septembrie

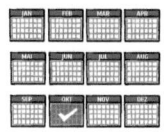

tetor
....
octombrie

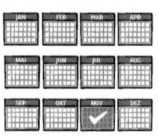

nëntor
....
noiembrie

dhjetor
....
decembrie

forma
forme

rreth
....
cerc

katror
....
pătrat

drejtkëndësh
....
dreptunghi

trekëndësh
....
triunghi

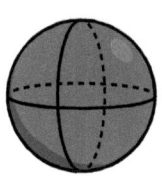

sferë
....
sferă

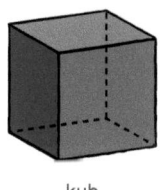

kub
....
cub

e bardhë

alb

e verdhë

galben

portokalli

portocaliu

rozë

roz

e kuqe

roșu

vjollcë

violet

blu

albastru

e gjelbër

verde

kafe

maro

gri

gri

e zezë

negru

shumë / pak

mult/puţin

i nevrikosur / i qetë

furios/calm

i bukur / i shëmtuar

frumos/urât

fillim / fund

început/sfârşit

i madh / i vogël

mare/mic

i ndritshëm / i errët

luminos/întunecat

vëlla / motër

frate/soră

e pastër / e pistë

curat/murdar

e plotë / jo e plotë

complet/incomplet

ditë / natë

zi/noapte

gjallë / vdekur

mort/viu

i gjerë / i ngushtë

lat/strâmt

i ngrënshëm / i pangrënshëm
comestibil/necomestibil

i keq / i këndshëm
ră_u/prietenos

i lumtur / i mërzitur
emoţionat/plictisit

i shëndoshë / i dobët
gras/slab

e para / e fundit
primul/ultimul

mik / armik
prieten/inamic

plot / bosh
plin/gol

e fortë / e butë
tare/moale

e rëndë / e lehtë
greu/uşor

uri / etje
foame/sete

i sëmurë / i shëndetshëm
bolnav/sănătos

e paligjshme / e ligjshme
ilegal/legal

i zgjuar / budalla
inteligent/stupid

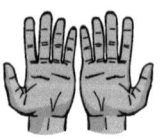

majtas / djathtas
stânga/drepta

afër / larg
aproape/departe

të kundërta - antonime

e re / e përdorur

nou/uzat

asgjë / diçka

nimic/ceva

i moshuar / i ri

bătrân/tânăr

ndezur / fikur

pornlt/oprit

hapur / mbyllur

deschis/închis

i qetë / i zhurmshëm

încet/tare

i pasur / i varfër

bogat/sărac

e drejtë / e gabuar

corect/fals

i ashpër / i butë

aspru/neted

i mërzitur / i lumtur

trist/fericit

i shkurtër / i gjatë

lung/scurt

ngadalë / shpejt

încet/repede

ı lagësht / i thatë

ud/uscat

ngrohtë / freskët

cald/rece

luftë / paqe

război/pace

0	**1**	**2**
zero	një	dy
zero	unu	doi

3	**4**	**5**
tre	katër	pesë
trei	patru	cinci

6	**7**	**8**
gjashtë	shtatë	tetë
șase	șapte	opt

9	**10**	**11**
nentë	dhjetë	njëmbëdhjetë
nouă	zece	unsprezece

12

dymbëdhjetë

douăsprezece

13

trembëdhjetë

treisprezece

14

katërmbëdhjetë

paisprezece

15

pesëmbëdhjetë

clncisprezece

16

gjashtëmbëdhjetë

șaisprezece

17

shtatëmbëdhjetë

șaptesprezece

18

tetëmbëdhjetë

optsprezece

19

nentëmbëdhjetë

nouăsprezece

20

njëzetë

douăzeci

100

qind

o sută

1.000

mijë

o mie

1.000.000

milion

un milion

anglisht

engleză

anglishte amerikane

engleză americană

kinezisht mandarin

chineza mandarină

hindi

hindi

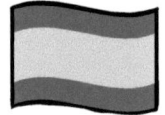

spanjisht

spaniolă

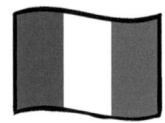

frëngjisht

franceză

arabisht

arabă

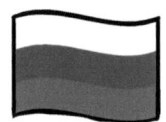

rusisht

rusă

portugalisht

protugheză

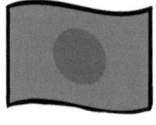

bengalisht

bengaleză

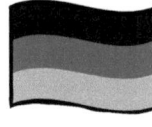

gjermanisht

germană

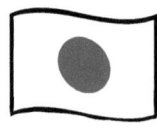

japonisht

japoneză

unë

eu

ti

tu

ai / ajo

el/ea

ne

noi

ju

voi

ata

ea

kush?

cine?

çfarë?

ce?

si?

cum?

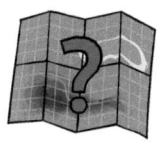

ku?

unde?

kur?

când?

emër

nume

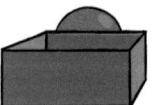

pas
....
în spate

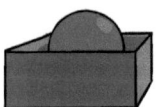

në
....
în

përballë
....
înainte

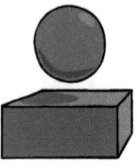

sipër
....
peste

mbi
....
pe

poshtë
....
sub

pranë
....
lângă

midis
....
între

vend
....
loc